**Nedjo Osman
Gebäre mich nicht**
Gedichte

Nedjo Osman
Gebäre mich nicht
Gedichte

Übersetzt von Mirjana und Klaus Wittmann

Verlag Landpresse, Weilerswist, 2006

© *der Texte Nedjo Osman*
© *dieser Ausgabe beim Verlag Landpresse*

Herstellung: Buchmanufaktur Handpresse, Weilerswist

Verlag Landpresse
Kölner Straße 58
53919 Weilerswist
Telefon: 0 22 54 / 33 47
Telefax: 0 22 54 / 16 02
E-Mail: info@landpresse.de
www.landpresse.de

ISBN 3-935221-56-8

Nedjo Osman, der Roma-Dichter vom Balkan, der in Köln Heimstatt gefunden hat, gibt in diesem schmalen Band einprägsamer Gedichte einen Einblick in das Fühlen und Denken seines Volkes, geprägt von den bitteren Erfahrungen der Geschichte. Immer wurde es vertrieben, was sich beim blutigen Auseinanderfallen Jugoslawiens vielfach wiederholt – in den Kellern von Vukovar, in den Tälern des Kosovo oder auf den Straßen Sarajevos, wo „das Wasser rot war vom Blut". Sie, die Roma, gehörten und gehören stets zu den Wehrlosen, zu den Opfern. „Morgens wach ich auf / Die Erde rund / Krieg überall / Stille / Die Zigeuner schlafen" heißt es bei Nedjo Osman.

Doch trotz solcher bitterer Erfahrungen ist der Lebenswille der Roma ungebrochen, er gibt ihnen Mut, auch in aussichtsloser Situation zu bestehen. „Verliebt bin ich / In des Lebens Glut / In die Geige / In mein Wandern" schreibt der Dichter. Und er zeichnet Bilder von eindrucksvoller Kraft, die diese Grundhaltung zeigen: in der leidenschaftlichen Liebe zur Frau, im Stolz auch bei Missachtung durch „die Weißen". Ihren Freiheitswillen zu bewahren, bleibt ihre unstillbare Sehnsucht. Der Natur singen sie ihre Hymne, wie es Nedjo Osman sagt: „die Erde ist meine Umarmung. Die Sonne mein Mantel."

Von der starken Persönlichkeit des Autors geprägt, sind diese Gedichte bald einfach berichtend, bald rhapsodisch überbordend, bald voll symbolischer Aussage, und immer fügen sich die Worte zur poetischen Metapher, zu Bildern, die bleiben.

    Prof. Dr. Manfred Jähnichen
    Professor der Slawistik
    an der Humboldt-Universität in Berlin

Der hervorragende Schauspieler und Theatermann Nedjo Osman hat nun die Literatur der Roma um einen neuen Lyrikband bereichert.

Seit dem 11. Jahrhundert, als infolge der Kriege muslimischer Eroberer der Exodus der Roma aus Indien begann, bis zur Geburtsstunde der Roma-Literatur sind über 800 Jahre vergangen. Dazu verurteilt, immer auf der Verliererseite zu stehen, artikulierten die Roma ihr tägliches Leid stets nur durch die Musik. Erst in den 20er Jahren des letzten Jahrhunderts gab es erste Anfänge in der Literatur. Das war nicht zuletzt ein Verdienst des Moskauer Roma-Theaters „Romen", aus dem die ersten Schauspieler, Regisseure, Koreographen und Bühnenbildner der Roma hervorgingen. Eine institutionelle Grundlage und die Möglichkeit, sich weiter zu entwickeln, bekam die Literatur der Roma jedoch erst, als die ersten Prosa- und Lyrikwerke von Roma-Autoren in Frankreich, Deutschland, Schweden, ex-Jugoslawien, Bulgarien, Ungarn und Polen veröffentlicht wurden.

Nedjo Osman, der eindrucksvolle Darsteller des Roma-Theaters „Pralipe", das im mazedonischen Skopje gegründet und in ganz Europa bekannt wurde, hat sich bereits mit seinem Gedichtband „Patrin" der literarischen Öffentlichkeit vorgestellt.

Mit dem vorliegenden Band bestätigt er aufs Neue, dass die Poesie Kunde gibt vom Schicksal der Menschen, von ihren Gedanken und ihrer Gefühlswelt. Im Dialog mit seiner Mutter und mit Gott sucht er Antwort auf die Fragen, die seit Jahrhunderten das Volk der Roma bedrücken, ein Volk, das von den anderen dazu verurteilt wurde, der singende Weggefährte des Leidens und des Todes in Europa zu sein. Damit hisst Nedjo Osman eigentlich die Fahne des Elends, der Mühsal und des Leids seines Volkes.

Seine Stimme ist die der Roma, die – wie der Literaturnobelpreisträger Günter Grass vermerkte – „noch keine Stimme" haben. Seine Gedichte künden von der Sehnsucht eines Menschen und eines Volkes nach Anerkennung und nach dem Recht auf Würde, sie sind Ausdruck des Lebens, das um die Schönheit des Daseins kämpft.

    Im Namen dieser Idee und dieses Ziels verdient das Buch von Nedjo Osman die volle Aufmerksamkeit der literarischen Welt.

    Rajko Djurić
    Präsident vom PEN-Club der Roma

Inhaltsverzeichnis

Der Flüchtling ---------------------------------- 13
Graffiti -- 14
Warum -- 15
Gebäre mich nicht ------------------------------ 16
Keine Angst vor dem Zigeuner ---------------- 17
Es ist nicht leicht, ein Zigeuner zu sein ------ 18
Die Mutter --------------------------------------- 19
Ein Kind ist geboren ---------------------------- 20
Mirsad -- 21
Patrin --- 22
Kamali -- 23
Schwarze Blume -------------------------------- 25
Verliebt --- 26
Lasst mich -- 27
Öffne mir die Tür ------------------------------- 28
Mattheit -- 30
Der Liebhaber ----------------------------------- 31
Der Tagelöhner --------------------------------- 32
Unschuldig --------------------------------------- 33
Bereit zu verlieren ------------------------------ 34
Mangava tut ------------------------------------- 35
Der Fremde 1 ------------------------------------ 36
Der Fremde 2 ------------------------------------ 36
Der Fremde 3 ------------------------------------ 37
Der Fremde 4 ------------------------------------ 37
Mein Freund ------------------------------------- 38
Der Tod --- 39
Jugoslawien -------------------------------------- 40
Sarajevo -- 41
Die Keller -- 42
Zwei Seiten -------------------------------------- 43
Kosovo niemals --------------------------------- 44
Stille -- 45
Du bleibst immer ein Zigeuner --------------- 46
Der Herr Bettler -------------------------------- 47
Othello --- 48

Nashutno ------ 49
Grafitia ------ 50
Soske ------ 51
Ma bijan man ------ 52
Ma dara Romestar ------ 53
Nae loko Rom te ove ------ 54
Daj ------ 55
Chavo biandilo ------ 57
Mirsad ------ 58
Patrin ------ 59
Kamali ------ 60
Luludie kalie ------ 62
Tardo manglipnastar ------ 63
Mek man ------ 64
Puter mange o vudar ------ 65
Cino ------ 67
Kamlo ------ 68

Носач ------ 70

Nevina ------ 71
Spreman da gubim ------ 72
Mangava tut ------ 73
Stranac 1 ------ 74
Stranac 2 ------ 74
Stranac 3 ------ 75
Stranac 4 ------ 75
Moj prijatelj ------ 76
Smrt ------ 77
Jugoslavija ------ 78
Sarajevo ------ 79
Podrumi ------ 80
Dva krila ------ 81
Kosovo nikad ------ 82
Tišina ------ 83
Da budeš ili da ne budeš Cigan si ------ 84
Gospodin prosjak ------ 85
Otelo ------ 86

Der Flüchtling

Ich bin ein anderer
Nicht mehr ich
Gehe in fremde Häuser
Ein eignes hab ich nicht
Oh Mutter
Wach auf
Sieh dein Kind
Der Straße überlassen
Die Erde ist meine Umarmung
Die Sonne mein Mantel

Oh Mutter
Warum schlagen sie mich
Mit dem Holz
Oh Vater
Warum nicht
Mit dem Brot

Oh Mutter
Wach auf
Sieh dein Kind
Auf schwarzen Pferden
Wart ich auf den Hochzeitszug
Den weißen
Die Musik ist verstummt
Untergegangen im Rauch
Das Blut riecht rot
Der Himmel ist verhangen
Sehnsucht umgibt mich
Ich nur ein Schatten
Es ist wie ein Traum
Ein Traum bin ich nicht
Ich bin allein
Ohne Haus
Ein Flüchtling

Graffiti

Singt er sein Lied
Wird ihm kalt ums Herz
Dem Zigeuner
Schreit er auf
Werden seine Erinnerungen wach

Er will sich die Bilder aus den Augen reißen
Doch vergessen darf er es nicht
Das glühende Entsetzen

Finger blutig
Von Zigeunernamen
An den Wänden
Verborgene Wahrheit

Hunderte toter Leiber
Unter der Dusche
Entschwanden durch den Schornstein

Wann werden die Tränen der Zigeunermutter
Versiegen
Wann die Ängste des Zigeunerjungen
Verschwinden
Wann wird aus dem Zigeuner
Ein Roma

Das Leben ist schön
Doch ach
Die Geschichte lauert überall

Warum

Ich habe keine Helligkeit
Sie ist mir nicht beschieden
Man weiß nicht um mich
Denn ich habe keinen Gott

Warum
Warum habe ich
Die Dunkelheit
Die Blindheit
Aber auch die Weisheit
Warum bin ich nicht wie er

Weil ich schwarz bin
Wie die finstere Nacht
Wie ein Haus ohne Feuer
Wie der Himmel ohne Sterne

Warum
Ich bin ein Mensch wie er
Liebe meine Freiheit
Meine Wahrheit
Ich liebe es zu lieben
Genau wie er

Gebäre mich nicht

Auf jenem Hügel
Mähte der Vater Korn
Für andere
In jenem Lager
Kam die Mutter nieder
Verbrannte die Sonne die Erde

Hätte ich vor meiner Geburt
Nur die drei Wörter gewusst
Hätte ich gesagt
Gebäre mich nicht

Fürs Leid geschaffen
Für die Fron herangewachsen
Bin ich alt geworden
Erloschen

Wenn ich sterbe
Gebt den Blumen Wasser
Lasst das Gras wachsen

Wenn ich sterbe
Lasst die Pferde laufen
Sollen die Sterne meine Taube hüten
Ihr goldene Fische schenken

Wenn ich sterbe
Vergießt keine Tränen
Lasst mich allein
Unterbrecht nicht meine Träume
Redet nicht über mich
Wenn ich sterbe

Keine Angst vor dem Zigeuner

Keine Angst vor dem Zigeuner
Er liest dir aus der Hand
Er sagt dir die Wahrheit
Ein langes Leben prophezeit er dir

Keine Angst vor dem Zigeuner
Er verdammt dich dazu
Reich zu werden
Jung zu bleiben

Keine Angst vor dem Zigeuner
Er hackt dir das Holz
Geld nimmt er dafür nicht
Wein aber, wenn du ihm welchen gibst
Und ihm in die Augen schaust

Keine Angst vor dem Zigeuner
Hunde fürchtet er
Blut kann er keines sehen
Menschen nicht töten
Einen Freund sucht er

Keine Angst vor dem Zigeuner

Es ist nicht leicht, ein Zigeuner zu sein

Du fragst
Warum ich nicht lache
Nein, ich bin nicht wie einst
Frag nicht
Wie es in mir aussieht
Frag nie, warum ich ruhelos ziehe
Es ist nicht leicht, ein Zigeuner zu sein
Teufel nannten sie mich
Einen schwarzen
Einen dreckigen
Frag nicht
Der Traum schläft vor Angst nicht ein
Nur der Winter begleitet mich
Ich spiele auf, nicht aus Freude
Ich spiele auf, die Wölfe fernzuhalten
Ich spiele auf, sie schlaftrunken zu machen
Du fragst mich
Was aus mir wird
Vielleicht beglückt mich eine alte Zigeunerin
Mit ihrer Träne
Oder ihrer Wehmut
Es ist nicht leicht, ein Zigeuner zu sein
Sie verwünschen mich
Sie schicken mich zurück nach Indien
Sie wissen nicht
Warum ich singe
Nie fragen sie danach

Die Mutter
Inspiriert durch Jesenins Gedicht „Brief der Mutter"

Auf dem tränenfeuchten Kissen der Brief von der Mutter
Sie schreibt:
Ein Blick wiegt so viel wie das Leben
Ich möchte nicht sterben, ohne dich zu sehen
Darum, mein Sohn, besuche uns am Herdeles,
                                           dem St. Georgstag
Bring mir helle Weintrauben, dem Vater schenke Geld
Beglücke unser Heim
Ich mag nicht, dass du Schauspieler geworden bist,
Dass jeder deine Wange berühren darf
Wärest du wenigstens Schmied geworden wie dein Vater
Ich bin alt, meine Hände gehorchen mir nicht mehr
Und deines Vaters Füße haben es nicht eilig
Wärest du nicht von zu Hause weggegangen,
                                           würde deine Frau
jetzt hier den Brotteig kneten und Vater dein Kind behüten
Warm und weich warst du
Schwarze Brauen und langes Haar hattest du
                                           als kleiner Junge
Deine Schönheit trieb den Roma Tränen in die Augen
Vater meint, als Schauspieler verdientest du kein Geld
Deshalb nimm uns unsere Worte nicht übel
Ich mag nicht, dass du ein Schauspieler geworden bist
Besser hättest du wie dein Vater dir ein Haus
                                           aus Lehm gebaut
Nachts fürchte ich, man könne unser Haus niederreißen
Und unsere Pferde davonjagen
Wärest du zu Hause, würde uns die Nacht
Keine Angst bereiten
Würden die Hunde nicht bellen

Ein Kind ist geboren

Ein Kind ist geboren
Schwarz
Es weint
Eine Frau mit rotem Kopftuch
Eine Frau mit Glanz in den Augen
Ein Regenvorhang vor dem Fenster
Kinder spielen
Im Hof
Öffnet die Frau ihr Haar
Wasser strömt
Im Fluss
Wäscht es die Regenvorhänge
Die Frau lacht
Im Fluss
Badet sie das Kind
Im Wasser
Ruft das Kind die Frau
Mama
Die Sonne lacht

Mirsad

Komm, mein Sohn
Heute Nacht reisen mit dir die Tränen
Heute Nacht spielen mit dir die Träume
Auch wenn du nicht kommst
Denke daran
Du bist doch bei mir
Denn dein ist meine Träne
Denn dein ist mein Gedicht
Du findest mich darin
Vergiss das nicht
Traue nie
Trau niemals denen
Die an das Gedicht nicht glauben

Patrin

So soll es sein
Sage ich
Weil Gott es so befahl
Die Liebe ist unteilbar

Patrin
Ich schwöre
Bei mir
Bei allen alten Bäumen im Wald
Ich liebe Patrin

Patrin
Ich schwöre
In meinem
In deinem Namen
Bei allen Meeren aus Tränen
Sag ja, Patrin
Die Wände sind stumm
Auch hören sie nicht

Patrin
Du berührst meine Augen
Die ohne Tränen
Ich küsse deine Küsse
Berühre mit meinen Lippen dein Haar
Das deine Brüste bedeckt

Patrin
Ist es nicht so
Verschließe mir die Tür
Ersticke meine Liebe

Kamali

Herdeles – Sankt Georgs Fest
Vierter Tag
Ich warte auf die Dunkelheit
Warte auf sie
Und sie
Die Schwarze
Läuft über das Gras
Mit offenem Haar
Als tanze sie
Ich beiße mir auf die Lippen
Schweiß brennt mir auf der Haut
Ich gebe ihr ein Zeichen
Flieht vor mir voller Angst
Aber die schwarze Kamali
Die Schuhe in der Hand
Von meinem Blick getroffen
Fällt sie in den Schlamm

Krank vor Liebe
Nehme ich sie bei der Hand
Bringe sie in mein Haus
Schweißtrunken
Windbesessen
Liebestoll
Zu Tränen gerührt
Sage ihr
Lass mich dich lieben
Schenk mir ein Kind
Lass mich dich sehen
Ohne dein Kleid

Mit ihrem Haar deckte sie mich zu
Mit meinen Lippen koste ich ihre Brüste
Einen aufgeblühten Blumenstrauß
Sie streifte ihr Kleid ab
Ich riss mein Hemd fort
Beide bis zum Erdboden nackt
Ich halb erschrocken
Sie halb im Schatten
Jene Nacht
Schenkte sie mir
Ich schenkte ihr weiße Perlen
Und das Fest des Heiligen Georg

Schwarze Blume

Regenschauer meine Liebe
Bedecken Blätter und Boden
Zwei Sterne flüchten vor dem Gewitter
In die trockene Erde
Was kann ich für dich tun
Arm und einsam
Schenke ich dir mein bloßes Herz
In dieser Regennacht
Ist die Erde nass
Schlamm überall
Blätter fallen
Alles welkt
Was soll ich tun
Wie soll ich es wissen
Wie soll ich dich
In diesem Unwetter zurücklassen
Meine schwarze Blume
Regen und Stürme
Wollen dich vernichten

Verliebt

Betrinken will ich mich
Heute nacht
Aber nicht mit Wein

Verliebt bin ich
In den Sonnenstrahl
Der mich beglückt

Verliebt bin ich
In des Lebens Glut
In die Geige
In mein Wandern

Lasst mich

Lasst mich
Mein Lied zu Ende singen
Lasst mich
Mein Verrücktsein
Laut hinausschreien

Lasst mich
Aus meinen Gedichten
Ihr einen Blumenstrauß binden
Lasst mich küssen
Im Rausch lieben
Wie ein Besessener laufen
Dass die Pferde vor mir fliehen
Dass ich die Schatten vergesse
Dass ich tief atme

Lasst mich
Einfach
Ein Roma sein
Der über schlammige Wege gewandert
Sich den Nebel aus den Augen gerieben

Lasst mich
Morgens dem Gesang der Vögel lauschen
Nachts aufwachen
Und die Schweißperlen trocknen

Lasst mich
Sie noch einmal küssen
So nah
Dass sie meine Küsse nicht wegwischen kann

Vielleicht wartet sie auf mich
Dass wir laut hinausschreien
Und lossingen
Einfach so
In unserer Sprache
In Romanes

Öffne mir die Tür

Frühmorgens
Fällt der Schnee
Schmilzt auf den Lippen
Frühmorgens
Weht der Wind
Trocknet die Tränen
Frühmorgens
Kommen die Träume
Sind süß
Öffnen die Seele
Sagen die Wahrheit
Frühmorgens
Flehe ich dich an
Öffne mir die Tür
Dass ich aus meinen Träumen hinausschlüpfe
Dir nahe bin

Du weißt nicht
Wie viele Ströme von Schweiß
Geflossen
Wie viele Winter
Vorbeigezogen
Du weißt nicht
Wie ich deinen Körper
In den Schatten
Gesucht
Wie ich deine Lippen
Aus dem Laub
Gelesen
Du weißt es nicht

Deinen Schlaf sah ich
Dein langes Haar
Deine Stirn in Falten
Dich sah ich
Beim Baden
Ich
Liebe dich sehr
Frühmorgens
Flehe ich dich an
Öffne mir die Tür
Dass ich aus meinem Traum hinausschlüpfe
Dir nahe bin

Du weißt nicht
Frühmorgens
Fürchte ich
Allein zu sein

Mattheit

Matt ist die Zeit
Matt die Stille
Matt der Morgen
Matt die Träne
Matt die Trauer
Matt die Müdigkeit
Wegen der Mattheit
Des Geistes
Den die Sonne
Sengt
Der den Schritt
Lenkt
Zu dir
Matt hole ich zum Schritt aus
Matt und vergebens
Atme ich atme
Matt in der tiefen Nacht
Reise ich reise
In meinem Herzen brennt
Die Liebe

Der Liebhaber

Jeden Freitag um neun wartete ich auf den Bus zum
                               anderen Ende der Stadt.
Fühlte die Sonnenwärme auf den Gesichtern neben mir,
auf den Menschen, die Hunde und Katzen lieben
                           und den Geruch von Schweiß.
Diesen Freitag spürte ich einen anderen, einen
                                 unbekannten Duft.
Er weckte in mir Angst vor Seufzern und Leid.
Sie stand mit dem Rücken zu mir,
sah aus, als sei sie erst fünfzehn.
Ich trat zu ihr und fragte:
Do you smoke?
Ich fragte noch einmal.
Sie antwortete:
Ich rauche nur zum Kaffee.
Am nächsten Tag wachten wir auf, es war schon Mittag.
Ich wollte den Platz wechseln.
Nein, sagte sie, mir gefällt es auf dem Boden.
                             Magst du Ravel, Mahler?
Nein, sagte ich, ich mag Django… Šaban… Warum lachst du,
                                 auch das ist Musik.
Ich liebe dich, du kleiner Dummkopf,
ich liebe dich, weil du schön bist wie ein Zigeuner,
ich liebe dich, weil du anders bist,
ich liebe dich, du Zigeuner, du mein Liebhaber.
Wie heißt du, Nina, Nora, Na…
Sie ging fort.
Ihre Brüste, Ravel, der Boden, Mahler, ich erinnere mich
                                     an alles.
Auch an ihre Seufzer.
Sie war nicht wie die anderen, sie hatte Geschmack.
Sie verließ mich, ich durfte ihr nicht gehören.
Wegen der anderen Sitten, wegen meines Vaters,
                               wegen meines Bruders,
Wegen unserer Tradition.
Ich liebe dich noch immer
deine Brüste, deinen Duft, deinen Schweiß
ich liebe dich, meine Geliebte
sagte ich ihr am Telefon – sehr viel später.
Sie hatte mich nicht vergessen.

Der Tagelöhner

Das lange Haar geflochten
Wie eine Schöne vom Lande
Schritt sie vor mir her
Schaute heimlich nach mir

Den breitkrempigen Hut auf dem Kopf
Das Hemd mit offener Brust
Schob ich die schwere Karre
Für einen Hungerlohn

Steig auf, schönes Mädchen
Meine Karre ist aus Gold
Voller Glut ist sie
Versengt meine Hände
Heile sie, wenn du kannst

Vorsicht, liebste Tochter
Die verkaufen ihre Kinder
Hast du das nicht gewusst
Ruft die Mutter bang

Vorsicht, liebste Tochter
Die machen die Frauen schwach
Ihren Wein trinken sie nie allein
Mahnt der besorgte Vater

Du, wunderschönes Mädchen
Ich passe nicht zu dir
Meine Karre ist zu klein
Für dein so üppig Haar
Ich sagte es nur im Scherz
Allein zum Zeitvertreib
Barfuß laufe ich
Tagelöhner nennt man mich
Lieben wirst du mich nie

Unschuldig

Atme tief durch
Schließe die Augen
Spüre
Auf meinen Knien
Unschuldig
Deine Hände

Überglücklich
Schaue ich in den Spiegel
Sehe
Du liegst
Splitternackt
Unschuldig

Wie geht es dir
Meine Gespielin
Gibt es dich wirklich
Wach auf
Die Nacht wartet auf dich
Die unschuldige
Und die Geige
Die unschuldige
Und das Lied
Das unschuldige
Und die vom Wein berauschte
Zigeunerseele

Lass mich doch zum Teufel gehen
Deinetwegen vergesse ich den Morgen
Du meine Gespielin
Du Unschuldige

Bereit zu verlieren

Die Berge
Atmen Rauch
Der Himmel
Immer heller
Die Flüsse
Immer wilder
Ich
Fliege
Fühle
Bin bereit zu verlieren
Träume
Meine Liebste schläft ruhig
Auf meiner Augen Grund
Und ihre Lippen
Immer dunkler feuchter
Mein Herz pocht heftiger
Wenn sie die Beine übereinander schlägt
Die zarten Hände zwischen ihren Knien
Vor Kälte zitternd
Bet ich zu Gott
Bitte den Teufel
Um eine Brise
Um frische Luft
Um einen Sonnenstrahl
Meine Liebste wach auf
Sei bereit zu verlieren

Mangava tut

Leise
Sagte ich
Als deine Augen mir winkten
Das ist die Liebe
Ich verliebte mich
In die Liebe
Ich spürte deine Berührung
Mangava tut – ich liebe dich
Die Liebe
Macht mir Angst
Ich warte auf Nada
Um ihr zu sagen
Poesie – das bist du

Der Fremde 1

Woher
Kommst du
Woher
Du Fremder

Ich bin von hier
In diesem Land geboren
Wie ein gefangner Vogel
Schließ ich die Augen
Und fliege los
In die Leere

Der Fremde 2

Wer
Bist du
Wer
Du Fremder

Ich winke
Von meinem Ufer
Stolz auf mein Lied
Steh ich hier geschlagen
Ein nackter Baum
Atme den Rauch

Der Fremde 3

Was
Bist du
Was
Du Fremder

Ich bin ein Krieger
Schütze das Meer vor Blei
Vor Spreu die Erde

Der Fremde 4

Und du
Wer bist du
Was bist du
Woher kommst du

Ich bin ein Fremder
Wie du
In der Herzlosigkeit leb ich
Schwer ist es mir

Mein Freund

Im Zeichen des Schicksals geboren
Von Beginn an
In der Falle

Seltsame Bestien jagten ihn mit Hunden
Weil er sein Lied sang
Mein Freund

Henker jagten ihn
Weil er die Vögel liebte
Mein Freund

Jäger jagten ihn
Weil er ein Wanderer war
Mein Freund

Nie wird er stehen bleiben
Mein Freund
War er
Mein Freund

Der Tod

Ich spüre
Wie du mich eroberst
Langsam und leise
Werd ich ein anderer
Versinke in meinen Gedanken
Fliege weit hinaus
Die Höhe erdrückt mich
Du weißt
Ich liebte
Küsste
Zu langsam
Für ein Leben
Du weißt
Du willst mich zu früh
Ich bin so jung
Noch nicht müde geworden
Aber du zählst schon
Eins
Zwei
Hör auf
Schweig
Lass mich fliegen
Oder verwandle mich
In den Teufel

Jugoslawien

Zwischen dir
Und mir
Zwischen mir
Und dir
Wehmut

Sarajevo

Die Blumen die roten
Kann ich nicht vergessen
Das Wasser
Den Stein auf der Straße
Auch er rot
Blau die Straße
Weiß der Himmel
Rot
Auch das Wasser
Ist rot

Die Keller

Keller in Vukovar
Keller in Sarajevo
Da
Dort
Überall Keller
Ich bin eine müde
Eine kranke Frau
Keller
In Schwarz habt ihr mich gehüllt
Mein Mann liegt da
Mein Sohn liegt dort
Oh, Sohn
Oh, Mann
Ihr seid zusammen
Ich allein
Ihr getötet
Ich lebendig begraben

Zwei Seiten

Was soll ein Kind
Das nicht weiß
Wohin
Schwer ist es zu Haus
Noch schwerer ohne Heim
Schwer ist es für Mutter und Vater
Deren beide Söhne
Auf verschiedenen Seiten fielen
Die Kinder wussten nicht
Welche Sprache die richtige war
Denn sie kannten beide
Es ist schwer, jung zu sein
Erst recht erwachsen
Es ist schwer, nicht zu sein
Noch schwerer zu sein
Nicht auf der Erde
Auch nicht im Himmel
Weder mit den einen
Noch mit den anderen
Jeder singt sein Lied
Wer es zu Ende singt
Ist verloren

Kosovo niemals

Gebäre mich Mutter
Noch einmal
Der Himmel gebe mir die Kraft
Die Lider zu schließen
Den Schmerz zu unterdrücken
Dem Feind ein Lied zu singen

Und wieder
Löste die Mutter ihr Haar
Sang die Romaseele

Ein ähnlich Klagelied
Erklang noch nie
Über dem Kosovo

Stille

Morgens wache ich auf
Die Musik ist laut
Die Erde rund
Krieg überall
Stille
Die Zigeuner schlafen

Du bleibst immer ein Zigeuner

Du magst der Erste
Du magst der Letzte sein
Du magst pflügen
Kanäle graben
Hände küssen
Wein einschenken
Dich im Kreise drehen
Doch in den Reigen lässt man dich nie
Am Ende bleibst du immer
Ein Zigeuner

Du magst der Erste
Du magst der Letzte sein
Du magst Lasten tragen
Aufspielen
Schön singen
Herzen anrühren
Dich im Kreise drehen
Doch in den Reigen lässt man dich nie
Am Ende bleibst du immer
Ein Zigeuner

Du magst der Erste
Du magst der Letzte sein
Den Schnee zum Schmelzen bringen
Parks zum Blühen
Wasser tragen
Wie ein Vogel tanzen
Dich im Kreise drehen
Doch in den Reigen lässt man dich nie
Ob du willst oder nicht
Am Ende bleibst du immer
Ein Zigeuner

Der Herr Bettler

Lassen Sie die Hundeleine los
Nehmen Sie den Hut ab
Vor dem Herrn Bettler
Werfen Sie ihm einen Cent in den Geigenkasten
Damit er sich betrinkt
Ihnen einen schönen Tag wünscht
Mit seinem Lied
Erzählt er Ihnen sein Leben
Ein Zigeunerleben

Einen schönen Tag
Für einen Cent
Der Herr Bettler bittet darum

Laufen Sie nicht weg
Sonst stimmt er ein anderes Lied an
Das ihn in den Wahnsinn treibt
Bleiben Sie
Oder
Geben Sie ihm noch mehr zu trinken
Das schenkt ihm Lebenslust

Noch einen schönen Tag
Für noch einen Cent
Der Herr Bettler bittet darum

Othello

Immer derselbe Tag
Immer dieselbe Stadt
Dasselbe Bett
Dieselbe Zeit
Dieselben Fragen
Bist du denn tot, Othello
Der Vorhang ist gefallen
Dein Koffer gepackt
Wohin schon wieder
Schwarzer Othello
Dorthin, wo derselbe Tag
Dorthin, wo dieselbe Nacht
Schlaflos und matt
Wo müde Vorstellungen
Sich aneinanderreihen
Und wieder dieselbe Tür
Abends schließt du sie zu
Morgens löschst du das Licht
Vergisst du den Kuss
Vor dir nur Dunkelheit
Einsam stehst du auf
Keiner sagt etwas
Keiner fragt etwas
Zurückgeblieben
Wie der letzte Narr
Fragst du dich
Lohnt sich dies für etwas Neues
Nein mein Freund
Das Neue ist das Alte
Und du bleibst du
Müde der Blicke
Der klatschenden Hände
Der langen Nächte und kurzen Träume
Einsam auch die leere Flasche
Und du fragst dich
Wer sie ist
Aus welchem Stück sie kommt
Und so immer weiter
Und eines Tages
Bist du allein

Nashutno

Me majbut najsem me
Me sem nesavo aver
Mo kher majbut naj moro
Vov si averesoro
Daje
Phuter te jakha
Ushti
Te chave te dikes
Dromenge muklo
E phuv mange kolin
E kham jorgani

O Daje merie
Soske kashtesa man chalaven
O Dade mereja
Soske na mareja

Daje
Phuter te jakha
Ushti
Te chave te dikes
Ko kale grasta
Henamiken parne adjarav
E bashalipa chinavgjilo
Uchardi chareja
E rat ko lolo kandel
E nuvera ni dikelpe
Nostalgija trujal mande
Prekerava man ki uchalin
Me dikav suno
Pal me najsem suno
Me sem korkoro
Bizo kher
Nashutno

Grafitia

E Rom
kana gilabel
bibaht ko vilo hacharel

Ko Rom
kana duk chalavel
o sheraripa phurane
leste djangavgoven

E slike taro jakha pharavel
te bistrel natromal
djungalipa phurane straftinen

Ratvale vasta
taro romane alava

Palo duvaria
chachipa garavdo

Mudarde milja badanija
phure therne sune phabarde
jakha dudale
phraho ule
milja milja
o thuv ingargja

Kana ka chinavgjol
e asvin romane dajatar
Kana ka chinavgjol
e dar romane chavestar

Kana e alava
cigan zigeuner
gitan hitanos
Rom ka oven

O devla
sar si o djivdipa but lacho
konik gova ni dikel
istorija si sakote

Soske

Nanajman parnipe
soske na sine phendo
na sium shundo
soske nanajman devel

Soske

Kothal so siman kalipe
koripe
hem djandipe

Soske
me nasium sar ov

Kothal so sium
kalo sar kali jrat
sar kher   bijagakoro
sar devel bikamesoro

Soske
me sium manush sar ov

Mangava mo parnipe
mo chachipe
mangava te mangav

Sar ov

Ma bijan man

Okole plaeste mo dad
chinel sine phus
avere grastege
a okole chergate
mi daj bijanel sine
dji kana o kham
takjarel sine e phuv

Te djanav sine trin lavora
anglal te bijangljovav
ka phenav sine

Ma bijan man

Uljum paripnaske
bariljum bukjake
phurilljum
hem nashavgilljum

Te muljum
chiven pani e luludjenge
muken e char te bajrol
Te muljum
e grasten muken te prastan
e cherenja mere chirikle te arakhen
galbane mache leske te den
Te muljum
jasvin ma muken
muken man korkoro
mo suno ma chinaven

Te muljum
mandar kanchi ma vakeren

Ma dara Romestar

Ma dara Romestar
ki palma vov dikel
krisipa toro ka vakerel
bershenca te djivdine.

Ma dara Romestar
arman tut ka del
barvalo te ove
terno te achove.

Ma dara Romestar
kashta ka pharavel
love nae tutar te lel
mol leske te dingjan
vi ko jakha les te dikljan.

Ma dara Romestar
vov rikonestar nashel
rat nashti dikel
manushe nashti mudarel
amal vov rodel

Ma dara Romestar

Nae loko Rom te ove

Puchea man soske na asava
na
sar angle nasium
ma puch
kidjal te devlego
so ko vilo man isi
ni maj ma puch soske pirav
ma puch

Nae loko Rom te ove.

Beng mange vakeren
melalo hem djungalo
ma puch
o suno tari dar nashti sovel
pal mande sal even avel
me bashalav na so mangav
bashalav o ruva te na aven
bashalav olen te sovjarav

Pucheja man sar ponaodori
shaj e romni phurani
pe asvenca
shaj dukenca
mange bah te anel

Nae loko Rom te ove

Ki meri daj
ki Indija bichalen man
nikana nadjanen
soske bashalav
nikana napuchen
sar sijum

Daj

Ko sheran asvalo
lil pashljol
me dajatar bichaldo
voj vakerel
jekh dikipa jekh meripa ovel
ni mangav mi jakh puterdi te achol
golese mo chavo ava ko herdelezi
bachtalo vi pherdo o kerh te kere

Kin mange draka parne
a te dadeske sostenja bare
ko kerh isi chorolipa baro

Ni mangav aktori so uljan
so muke sakova vas ti cham te astarel
poshukar te ove sar to dad
taro sastrn manushe te kere

Phuriljum me vasta buti ni keren
o pire te dadeskere ni sigjaren
te na djaja sine taro kher
trujal mande bori maro ka kerel sine
a to dad tere chave ka arakel sine

Pal tu sar to papu
majlaci luludi javerake ka del
vi khere cino ka avel

So i tuja gudleja mlo
sar tikno sijan sine tato vi kovlo
bare balego kale povego
baripe baro to dad tuja chihvel sine

To dad gndil sar aktoro
tut love nashti ovel
golese i holi amari
palal o dumo ma chiv

Ni magav aktori so uljan
so muke sakoja jakh tut te astarel
poshukar te ove sine sar to dad
taro kerpichi kher te kere

Dar isiamen taro jracha
o kher tena pheraven
ja o chorolipa amen te tasavel
khere pal tu te ove
o jracha nashti amen te daraven
vi o rikone nashti te bashen

Ni magav aktori so uljan

Chavo biandilo

Chavo bijandilo
Kalo
Rovel
Romni lole diklesa
Dudo ko jakha
Birshimale kotora ko vudar
O chavo kelen
Ki avlin
Romni mukle balenca
Pani ingarel
Ki len
Birshimale kotora tovel
I romni asal
Ki len
Chavo tovel
Ko pani
Chavo chingarel e romnja
Daje
O kham asal

Mirsad

Ava tikneja mlo
Me sune tuja i pandle
Erat me asva pali tute djan
Pal i tena aljan
Ma bistre kaskoro sian
Tu nashti the dja hem te mange
Te cidel tut i balval da nashti
Na, nashti
Te geljan da akate ka ove
Ni o vakeripa nashti
Ni o kham nashti
Nashti mashar o duj djene amende
Teri si meri asvin
Teri si meri gilji
Vi olate sium me
Ma bistre
Ma pacha
Nikana ma pacha
Golenge ki gilji so ni pachan

Patrin

Vakerav kerdo te ovel
vi e devlestar vakerdo
o kamipe nashti ovel ulavdo
Patrin
sovel dav leste
me vileste
ko sa purane kashta ko vesha
me kamav
Patrin
sovel dav mande
tere anaveste
ko sa asvale panja bare

Patrin
vaker va

O duvaria kashuke
nashti shunen
vudara putrav
golege
so ni shunen
golege
Patrin so olen nae
Patrin
pal tu me jakha astare
soke jasva nae
toro chumiba chuminav
te bala astarav
o chuchija so ucharen
me voshtendar kerde

Patrin
te nanaj kidjal
phande mange vudar
mo mangipa tasav

Kamali

Herdelezi
shtarto dive
adjarav e rjat
vi ola
A i kali
mukle balegeri
pirel upral i char
sar te kelel
te shunela nashti
A me
e voshta mere pathonav
e morthi taro teri thabol
jakh olake phandingjum
A voj
e Kamali
pherdi tari dar
o menie ko vas lilja
taro mlo dikipa ko chika peli
Me cino taro kamipa
ola taro vas dolingjum
ko mlo kher angjum

Mato taro teri
delino sar balval
pherdo kamibastar
asvenca vakerava
Dema te chumidav tut
dema chavo
dema te dikav tut
bi shejengo
Vastestar man cidingja
balencar man uchargja
olakere chuchija te chumidav
sar burnik luludime

Po kotor pestar ikalgja
me mo gad mandar
e duj djne nange dji ko pire
me daratar dji ko epash
voj roshalime taro epash

Goja rjat
voj pes dingja
me lake mirikle parne
vi e herdelezi

Luludie kalie

Sa e brshima manglie
Ka ucharen e patrnja hem e phuvja
Duj cherenja e bilachipnastar
Nashen ki shuki phuv
Ni jekh asvin ni hari bah
Bahtalo djivdipa na anel
So shaj tuke te kerav
Me sem chorolo hem korkoro
Nango mlo vilo tuke dava
Akale panjale rjatende
O chika panjale i phuv kerel
O patrnja peren
Sa shukjovel
Sar te kerav
So shaj djanav
Sar shaj bilache sumnaleste
Te mukav tut
Luludie kalie
O birshima o panja
Mangen te pheraven tut

Tardo manglipnastar

Meken man
Te ovav mato
Pal na tari mol
Meken man
Me sem
Tardo manglipnastar
Ko dudo khamesoro
Bahtalo so keras man
Tardo manglipnastar
Ki jag djivdipaseri
Ki gilji
Ko piriba mlo

Mek man

Mek man
te gilabav jekh drom
Mek man
te ovav delino
Mek man
te chingadav so podur
Mek man
te shaj mere giljendar
lake burnik lulugja te kerav
Mek man
te shaj chumidav
vi mato te mangav
vi te prastav sar delino
vi e grasta mandar te nashen
te shaj e uchalin te bistrav
te shaj so pohor mlo vogi te lav

Mek man te ovav
gova so sium
sades Rom
so naklja drumora tari chikh
vi koslja jakha tari muhi

Mek man
ki javin te shunav o gilja
so o chirikle gilaben
vi jratchako te djangavgjovav
vi o asva taro teiri te kosav
vi
e luludi shukili
o devla
sar olake burnik lulugja te kerav
o devla
   te chumidavla jekh drom so popashe
   mlo chumiba te na kosel
Meken man
shaj voj man adjarel
te chigada so podur
vi te gilaba
sades Romanes

Puter mange o vudar

Ko tikne detarinja
Iv perel
O voshta phanjarel
Balval pudel
O asva kosel
Ko tikne detarinja
O suno tavdel
Gudlo ovel
O ilo phutrel
O chachipa vakerel
Ko tikne detarinja
Sovel upro tute dav

Phuter mange o vudar
Taro suno te ikljovav
Trujal tute te ovav

Tu kanchi na djane
Gobor teri
Lenja
Shudre tavdile
Evenda
Parne nakle
Tu kanchi na djane
To badani rodingjum
Ki uchalin
Te voshta
Mashar o patrnja
Tu kanchi na djane
To suno dikljum
Te dlga bala
To chekat kidime

    Me dikljum
Tut
Ki balani
Me odobor
Kamava tut

Ko tikne detarinja
Sovel dav upro tute
Phuter mange o vudar
Trujal tute te ovav

Tu kanchi na djane
Ko tikne detarinja
Dar isiman
Korkoro te ovav

Cino

Cini si i vrjama
Cini si i detarin
Cini si i
Rjat
Bibaht
Jasvin
Khino si o khinipa
Vash khinipa
Gogjako
Kothal so phabarel
O kham
Kothal so cidel
E piro
Kari tute

Cino
Pohari iranav
E piro ko anglunipa
Cino vi bikanchesko
Lava vogji
Ko horipa e rjatchako
Dromarav
Dromarav
Ni djanav kote
Mlo vilo thabljol
Kamipa

Kamlo

Sakova parashtuj ko enja
Adjarav e autobusi te djav ki aver rik e foroske
E khamesko tatipa chalavel ko muj e manushen so
tergjoven trujal mande
E manusha so mangen rikonen, mucen vi parfemosko theri
Hachargjum aver parfemo golestar so djanav sine
angleder
E parfemo so dikav djangavgja mande dar taro vilo lako
so chalavel
Sine irime dumesa
Prepel sine sar te ovel ola deshupanch
Geljum lake pashe vi puchljum ola
Do you smoke
Panda jekh drom puchljum ola
Voj vagjergja
Sal kana pijav e kafa
Aver dive djangavgjiljam pal sine anglal e blel
Mangav sine te ushtav
Na, me mangav tele - ki phuv
Vagjergja voj
Mangesli te shunes e Ravel, Maler
Na, vagjergjum me
Me shunav e Django, Sabane, Esma
So asas vi goja si lachi muzika
Kamav tut tikneja, delineja mlo
Kamav tut, soske sian lacho sar jekh Rom
Kamav tut, soske sian javerchane taro aver chave
Kamav tut, romanea
Kamleja
Sar vakeres tut
Nina, Nora, N.geli peske
Lake chuchia
E than kote so pashliljam
E chumiba
E Ravel, Sabane, Esma
Na bistergjum
Lako vilesko chalaviba
Gova sine angleder but bersha
Sine javerchane taro javer djuvlja
Dikel sine polacheste

Geli peske soske me , nashti sine javerchane
Bashi aver djivdipa, romano gndipa, phral, dad, tradicia
Kamvava tut panda
Mangava te chuchija e parfemo toro theri
Sa
Kamava tut
Kamlie meri
Gova vagjergjum olake ko telefoni palo but bersha
Na bistergja man

Носач

Коса долга исплетена
Како од село да е дојдена
Пред мене одеше
Кришум во очи ме гледаше

Голем шешир на глава
Кошула носев јас отворена
Количка туркав и потешка
Но што сум платен од нејзе

Скокни девојче убаво
Количкава моја златна е
Полн со оган рацете ми горат
Ако можеш излечиги

Чувај се ќерко
Тие деца продават
Мајка се секира

Чувај се ќерко
Жени во нив се заљубуват
Сами виното него пијат
Татко саветува

Девојче младо убаво
Јас несум за тебе
Количкава моја е премала
За твојата коса дугачка
Шега голема направив
Времето да ми помине
Јас кондури не носам
Носач мене ме викат
Тешко е да ме засакаш

Nevina

Uzdahnem
zatvorim oči
i osetim prste tvoje
nevine
na kolenima mojim

Ja sam presrećan
posmatram se u ogledalu
i vidim
ležiš potpuno gola
nevina

Jesi li stvarna
damo moja
pitam te

Nevina
budi se
noć te čeka
i violina
pesma
nevina
od vina opijena
duša ciganska

Pusti me
nek idem do vraga
zbog tebe jutra zaboravljam
Ne budi se
damo moja
nevina
Duša zaljubljena

Spreman da gubim

Planine
izdišu dimove
nebo
postaje sve belje
reke
postaju sve bešnje
ja
letim
i gledam
kako sam spreman da gubim
sanjam kako moja mala spava
u dubini mojih očiju
kako njene usne postaju
sve mračnije
i vlažnije
otkucaji srca
čujem ih sve jače
i nečujno vidim
prebaci koleno
i prste nežne
stavi između
a ja
od hladnoće
stežem zube
i vičem
joj Bože
đavola molim
da vetar doduvne
da malo zrak probije
da sunce ugreje
da se mala moja
ti probudiš
i spremiš se da gubiš

Mangava tut

U trenutku
kad si mahala očima
ljubav
rekao sam tiho
zaljubio sam se
u ljubav
čuo sam da si me dodirnula
mangava tut – volim te
ljubav
mi ocrtava strah
čekajući Nadu
da joj kažem
poezija

Stranac 1

Odakle si
odakle
ti si stranac

Ja sam odavde
u ovoj zemlji rođen
ja
zatvaram oči
kao ptica vezana
i letim slobodno
u bezvazdušnost

Stranac 2

Ko si ti
ko si
ti si stranac

Ja mašem
iz moga mora
svojom pesmom ponosan
ja
stojim slomljen
kao šuma ogoljena
i dišem dimove

Stranac 3

Šta si ti
šta si
ti si stranac

Ja vojnik sam
čuvam more od olova
i zemlju od korova

Stranac 4

A ti ko si
šta si
odakle si

Ja sam kao ti
stranac
živim u bezljudnosti
teško mi je

Moj prijatelj

Rođen u znaku
sudbine
od samog početka upleten u zamku
lovile su ga čudne zveri
gonili su ga psima
zato je pesmu svoju pevao
moj prijatelj

Gonili su ga dželati
zato što je voleo ptice
moj prijatelj

Gonili su ga lovci
zato što je bio putnik
moj prijatelj

Nikad stati neće
moj prijatelj
bio moj
prijatelj

Smrt

Slušam
kako me osvajaš
tiho
lagano
ja
polako se pretvaram u drugog
i nestajem u mislima mojim
letim
daleko
visina me guši

Znaš ti
voleo sam
i ljubio premalo
i prepolako
za jedan život
a ti
prebrzo me osvajaš
tako mlad
a već star
još se nisam ni umorio
a ti brojiš
jedan
dva
pregrizi jezik
pusti me da letim
ili me pretvori
u đavola

Jugoslavija

Između tebe
i mene
između mene
i tebe
tuga

Sarajevo

Zaboraviti ne mogu
cveće koje je crveno
i voda je
kamen na ulici
crven je
i plava je ulica
belo i nebo je
i crveno je
i voda je crvena

Podrumi

Podrumi
u Vukovaru
podrumi
u Sarajevu
podrumi
na onu
podrumi
na ovu
na sve strane

Umorna sam
bolna
podrumi
u crno ste me zavili
muž mi leži
onamo
sin mi leži
ovamo
joj sine
joj mužu
vi oboje
a ja sama
vi ubijeni
a ja živa
a ja mrtva

Dva krila

Šta će dete
kad ne zna gde će
teško je u domu
još teže bez doma
teško je majci i ocu
jer su pala
dva sina na dva krila

Deca znala nisu
koji je pravi
jer su oba jezika znala
teško je biti mlad
a kamoli star
teško je ne biti
još teže biti
ni na zemlji
ni na nebu
ni za jedne
ni za druge
svako peva svoju
a ko otpeva
njega nema

Kosovo nikad

Rodi me majko
drugi put
sa silom nebeskom
oči da sklopim
i bol da progutam
dušmanu pesmu da zapevam

I opet
majka kosu raspustila
romska duša propevala
takav lelek
Kosovo nikad
čuo nije

Tišina

Probudim se ujutro
muzika je glasna
zemlja je okrugla
rat je svuda
tišina
Cigani spavaju

Da budeš ili da ne budeš Cigan si

Da si prvi
da si i poslednji
da oreš
i kanale da kopaš
i ruke da ljubiš
i vino da točiš
i okolo naokolo da trčiš
u kolo nikad ne možeš
i opet na kraju
Cigan si

Da si prvi
da si i poslednji
da guraš
i nosač da budeš
i da sviraš
i da lepo pevaš
i u srce da diraš
i okolo naokolo da trčiš
u kolo nikad ne možeš
i opet na kraju
Cigan si

Da si prvi
da si i poslednji
i snegove da rastopiš
i parkove da ozeleniš
i vodu da nosiš
i kao ptica da igraš
i okolo naokolo da trčiš
u kolo nikad ne možeš
i opet na kraju
da budeš
ili da ne budeš
Cigan si

Gospodin prosjak

Pustite psa iz ruke
skinite cilinder sa glave
gospodinu prosjaku

Jedan cent u violinu bacite
dajte mu neka se napije
neka vam lep dan poželi
sa pesmom otsviraće vam
život svoj ciganski

Dan za jedan cent
gospodin prosjak moli

Nemojte otići
promeniće pesmu
koja ga vodi u ludilo
ostanite
ili možda
dajte mu još da pije
imaće želju za život

Za još jedan dan
i jedan cent
gospodin prosjak moli

Otelo

Uvek isti dan
uvek isti grad
postelja
vreme
pitanja
Otelo zar si mrtav

Zavesa se spustila
kofer ti je spreman
gde ćes opet
crni Otelo
tamo
gde je isti dan
tamo
gde je ista noć
tamo
gde je umorna
i neispavana
toliko
netaknutih od mojih pogleda
toliko
umornih predstava
što se okreću i nemaju kraja
i druga
po ne znam koji put čaša
i opet ista vrata
zatvoriš naveče
ujutru ugasiš svetlo
poljubac zaboraviš
ispred sebe ne vidiš
ustaneš sam
i niko ne kaže
i niko ne pita
kao zadnji ...

       I pitaš se
vredi li sve ovo
za nešto novo
ne prijatelju
novo je staro
a ovo si ti
umoran od pogleda
od lupanja po podu
od duge noći
i kratkih snova
i čaša sama
do kraja ispijena

I pitaš se
koja je ova
iz koje drame
i sve do kraja
jednoga dana
ostaneš sam

St. Georgstag = *bedeutendstes Fest der Roma*
Patrin = *Name, auch Bezeichnung für Blatt*
Kamali = *Frauenname*
Nada = *Frauenname, bedeutet auch Hoffnung*
Rot, Weiß, Blau = *die Farben der jugoslawischen Fahne*

Nedjo Osman wurde 1958 in Skopje/Mazedonien, im ehemaligen Jugoslawien geboren. Nach dem Studium an der Film- und Theaterakademie in Novi Sad erwarb er sich einen Namen als Schauspieler. Am Pralipe-Theater in Skopje und im Nationaltheater KPGT in Subotica übernahm er Hauptrollen in über 40 Inszenierungen von der Klassik bis zur Moderne und erhielt dafür zahlreiche Preise.

Nach Ausbruch des Krieges auf dem Balkan kam er als Ensemblemitglied des Pralipe-Theaters in Mülheim an der Ruhr nach Deutschland.

Seit 1995 ist er zusammen mit Nada Kokotović künstlerischer Leiter des Theaters TKO in Köln; außerdem ist er freier Schauspieler, Regisseur, Journalist und Dichter. Seit 2000 leitet und moderiert er Sendungen in Romanes beim Radio Multi-Kulti in Berlin, seit 2002 auch bei der Deutschen Welle in Bonn.

Schon in früher Jugend entdeckte er seine Leidenschaft für das Schreiben. Seine Inspiration sind die Straße, das Viertel, in dem die Roma leben, die Erfahrungen mit den Nicht-Roma und die Liebe als Quelle der Schönheit.

Seine Gedichte sind in Belgrad und Istanbul erschienen.